PENSANDO EN VENEZUELA
CON ENERGÍA

Una invitación a trabajar juntos

Ing. Blas Antonio Herrera Pérez

Reservados todos los derechos. No se permite la reproducción total o parcial de esta obra, ni su incorporación a un sistema informático, ni su transmisión en cualquier forma o por cualquier medio (electrónico, mecánico, fotocopia, grabación u otros) sin autorización previa y por escrito de los titulares del copyright, excepto breves citas y con la fuente identificada correctamente.. La infracción de dichos derechos puede constituir un delito contra la propiedad intelectual.

El contenido de esta obra es responsabilidad del autor y no refleja necesariamente las opiniones de la casa editora. Todos los textos e imágenes fueron proporcionados por el autor, quien es el único responsable por los derechos de los mismos.

Publicado por Ibukku, LLC
www.ibukku.com
Diseño y maquetación: Diana Patricia González Juárez
Copyright © 2024 Ing. Blas Antonio Herrera Pérez
ISBN Paperback: 978-1-68574-862-3
ISBN eBook: 978-1-68574-863-0

Índice

INTRODUCCIÓN	5
CAPÍTULO 1	
EL PROBLEMA	9
CAPÍTULO 2	
EL PLAN DE INVERSIÓN	19
CAPÍTULO 3	
CÓMO LO FINANCIAREMOS	23
EL PLAN DE ACCIÓN	34
CÁLCULOS PARA EL FINANCIAMIENTO	36
ACLARATORIA	46

INTRODUCCIÓN

Mi nombre es Blas Antonio Herrera Pérez. Nací en San Felipe, Edo, Yaracuy, el 22 de noviembre de 1950. Me gradué de Ingeniero Electricista en la Universidad de Carabobo, pero unos meses antes de mi graduación académica, comencé a trabajar en el sector eléctrico venezolano (1972). En 1974 fundé CIELEMCA C.A., empresa nacional de capital privado, que ingresó en el mercado venezolano a prestar sus servicios en la actividad de ingeniería, procura y construcción de proyectos del Sistema Eléctrico Nacional (SEN). De inmediato comenzamos a realizar trabajos para CADAFE dentro del Proyecto Electrificación Rural de Venezuela financiado por el Banco Interamericano de Desarrollo (BID). Por cierto, uno de los proyectos más ambiciosos del Sistema Eléctrico Nacional (SEN), totalmente ejecutado.

En lo sucesivo, bajo contratos de CIELEMCA C.A. y del Consorcio KCT, liderado por CIELEMCA C.A, trabajamos para CADAFE, EDELCA, CORPOELEC, PDVSA Petróleo y PDVSA Gas, en obras de gran importancia.

Nuestros logros hablan de líneas de transmisión y distribución de 115/230/400 KV que recorren diversos Estados del país y suman un total de 2.190 km. De los IPC de 200 MW de generación termoeléctrica con unidades de generación duales de la General Electric (mercado primario), una de ellas fue la cuarta instalada en el mundo, la LMS 100MW y el de 103,5 MW de la gabarra de generación que instalamos en San Lorenzo. También ejecutamos los IPC de 16 subestaciones eléctricas, 6 tipo GIS y 10 convencionales y la instalación de 8 transformadores de potencia (30/36 MVA). Resalto que contribuimos con el Sistema Eléctrico Nacional (SEN) en la construcción de poco más del 7 % del sistema de transmisión 230/400 KV, lo cual se tradujo en el uso de mano de obra venezolana que sumó algo más de 1.140.000,00 horas-hombre por año. (1)

El material que pongo hoy a la disposición de Venezuela es producto de una nueva etapa en mi vida… aquella donde me siento a reflexionar y a buscar soluciones, dada la gravedad de los acontecimientos que allá se viven. Así se gestó el libro *Pensando en Venezuela con energía,* un plan progresivo de reconstrucción del SEN (Sistema Eléctrico Nacional), expresado en una serie de acciones estratégicas dirigidas a rescatar el servicio eléctrico en función de sus habitantes y de todos los activistas que deseen colaborar en la recuperación del país.

Es indudable que la energía mueve el mundo. Sin electricidad no hay petróleo, ni industrialización, ni Internet, ni desarrollo. La electricidad es la base de los demás sistemas. Estamos hablando de "infraestructura crítica" que "comprende el conjunto de instalaciones, sistemas o servicios esenciales y de utilidad pública, así como aquellos cuya afectación cause un grave daño a la salud o al abastecimiento de la población, a la actividad económica, al medio ambiente o a la seguridad del país" (2). Por temor a ser redundante no argumentaré más acerca de este tema, sin embargo, somos conscientes que la reconstrucción planteada se hará dentro de un ambiente peculiar, que requiere ser analizado y comprendido. Entender el contexto de lo que se vive en nuestro país precisa elaborar una visión global, mirando alternativamente pasado y presente. Exige escudriñar y analizar los elementos sistémicos que componen semejante situación.

Es innegable que Venezuela enfrenta una crisis económica, social y política sin precedente. Algunos analistas definen la situación "como un tipo de crisis humanitaria que es causada por la combinación de diversos factores" (3). Otros opinan que "la emergencia humanitaria alcanza a casi un tercio de la población de Venezuela". (4) *ACNUDH (Oficina de derechos Humanos de la ONU).*

Ahora bien, *la historia tiene sus límites, es útil para explicar cómo llegó el país a donde está*, pero no para orientar el nuevo rumbo. Venezuela necesita que se defina un proyecto de país con una visión a largo plazo y sistémica, donde evaluemos todos los componentes de la situación y su incidencia en la reconquista de nuestro país y en el proyecto de reconstrucción eléctrica que pretendemos elaborar.

Por eso apelamos a la prospectiva. Ella constituye una cita con el futuro que, si bien está llena de visiones y sueños, se enraíza en la realidad, la estrategia y la acción; porque no se trata solo de imaginar y de liberar, se trata de construir. De modo tal que después de forjar una visión podamos edificarla. Recordemos la sabia frase de Concheiro: "Quien renuncia a inventar futuros se vuelve esclavo de su historia" (5).

De modo que, en uso de mi conocimiento del tema y mi experiencia como ejecutor de importantes obras en el país, propongo buscar soluciones. Primero tratando de estructurar el problema, traducido en la pregunta *¿Cómo podemos RECONSTRUIR el Sistema Eléctrico Nacional (SEN)?* Para responder a esta pregunta comenzamos por generar un plan, definirlo, delimitarlo, organizarlo y hacerlo operativo, pensando estratégicamente, visualizando una salida, planteando objetivos a corto, mediano y largo plazo y acciones concretas. Seguidamente lo resumimos en el documento que hoy tienen en sus manos.

Para despedirme quiero expresar mis emociones en representación de los trabajadores de CIELEMCA C.A. Estamos orgullosos de nuestra participación ingenieril en el otrora prestigioso Sistema Eléctrico Nacional (SEN) de Venezuela. Mi memoria revive día a día, la armonía única que existió entre el proveedor del suministro de energía y el consumidor de ésta, y estoy dispuesto a reconquistar la inolvidable camaradería entre los habitantes de esos barrios populares y nosotros. Hechos que viví cuando le hice trabajos a la Electricidad de Caracas en los barrios populares de nuestra capital, en mis primeros tiempos como ingeniero. Así contribuiremos a disfrutar otra vez de Venezuela, como en nuestros viejos tiempos y mejorados.

Con esta sólida colaboración, me comprometo a seguir trabajando hasta que la Venezuela del gran potencial natural que tenemos gracias a nuestras inmensas riquezas naturales: crudo, oro, plata, coltán y, sobre todo, nosotros los venezolanos, entre otras, revivan la gran Venezuela de esperanza y hagan con certeza absoluta que la gran Venezuela de porvenir vuelva. Espero que se realice con el aporte de todos los venezolanos.

Amigo
Blas Antonio Herrera Pérez

(1) (http://cieIemca.group/proyectos.html)

(2) En Venezuela, Vértigo y Futuro por Tanya Miquelena y Werner Corrales.

(3) Diccionario de Acción Humanitaria y Cooperación al Desarrollo, htto://)www. dicc.hegoa.ehu.es/listar/mostrar/85).

(4) Los objetivos del Desarrollo Sostenible en Venezuela (2019) por SINERGIA (Red Venezolana de organizaciones de la sociedad civil).

(5) Alonso Concheiro, en el prólogo del libro Métodos prospectivos de Guillermo Gándara y Francisco Osorio.

CAPÍTULO 1
EL PROBLEMA

Según el ISBL *(Instituto de Seguridad y Bienestar Laboral)*, se denominan INFRAESTRUCTURAS CRÍTICAS a "todos aquellos sistemas físicos o virtuales que facilitan funciones y servicios esenciales para apoyar a los sistemas más básicos a nivel social, económico, medioambiental y político" (1), y apoya el concepto con el siguiente caso: "Una alteración o interrupción en su funcionamiento debido a causas naturales (por ejemplo, una inundación que afecte al suministro eléctrico) o provocada por el hombre (un atentado terrorista o un ataque cibernético a una central nuclear o a una entidad financiera) podría conllevar graves consecuencias" (2).

La infraestructura crítica, en la cual nos centraremos en este documento, es la electricidad. De ella dependen casi la totalidad de las áreas estratégicas que fundamentan el funcionamiento y desarrollo de cada país, como: las comunicaciones tecnológicas en general, la banca, las inversiones, los embalses, el almacenamiento, tratamiento y distribución del agua, la producción, almacenamiento y distribución de alimentos, la educación, la industria química, la investigación, la salud, el transporte (aeropuertos, puertos, ferrocarriles y redes de transporte público, sistemas de control del tráfico) nombrando algunas, y sobre todo, la extracción de crudos (petróleo).

Cuando pienso en este tema hay una frase propia que no puedo dejar de mencionar: *Para extraer una molécula de crudo será siempre, necesario y suficiente, los protones y electrones danzando previamente a boca del pozo de extracción.*

En opinión de los expertos "una persona se encuentra en situación de pobreza cuando su ingreso no le permite la subsistencia y tiene al menos una carencia social entre los siguientes indicadores:

1. *Rezago educativo*
2. *Acceso a servicios de salud*
3. *Acceso a la seguridad social*
4. *Calidad y espacios de la vivienda*
5. *Servicios básicos*
6. *Acceso a la alimentación" (3)*

Otras fuentes de información aseguran que "unos 860 millones de personas en el mundo carecen todavía de acceso a la electricidad (2018)" (4). No en vano, el 94 % (64 % directos y 30 % indirectos) de los ODS *(Objetivos de Desarrollo Sostenible)* de la UN Agenda 2030 tienen una vigorosa relación de apoyo al servicio eléctrico (5).

GRÁFICA 1
VINCULACIÓN ENTRE LOS O.D.S.
Y EL SERVICIO ELÉCTRICO

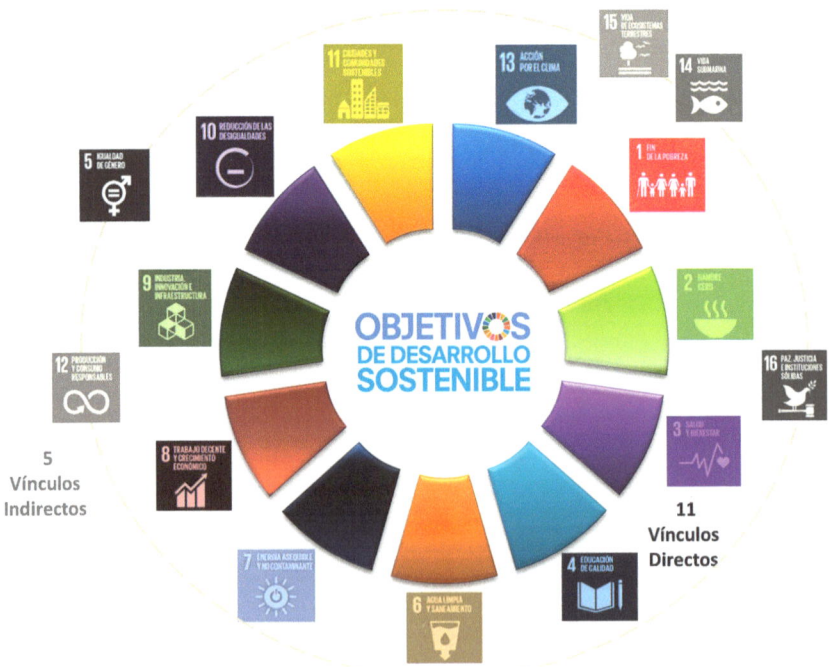

Una meta digna de atención, en el momento de elaboración de este documento, es su aproximación a la *Agenda 2030 de la CEPAL*. El desarrollo sostenible solo puede ser alcanzado si la erradicación de la pobreza y la sostenibilidad ambiental van de la mano, es decir, si se respetan al mismo tiempo los fundamentos sociales establecidos como derechos humanos y los límites ambientales, conocidos como "límites planetarios". Aquellos que se definen como "un espacio seguro dentro del cual la humanidad puede seguir desarrollándose por las generaciones venideras. Cruzar estos umbrales puede generar cambios ambientales agudos e irreversibles». (6)

Ahora me permito presentarles el Sistema Eléctrico Venezolano (SEN).

GRÁFICA 2
EL SISTEMA ELÉCTRICO VENEZOLANO

GRÁFICA 3
CAPACIDAD INSTALADA DE GENERACIÓN (MW)

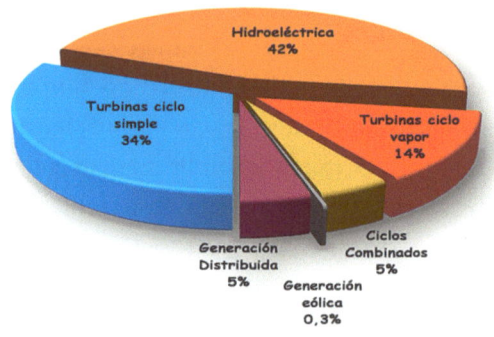

CAPACIDAD INSTALADA AÑO 2018	
Turbinas Ciclo Simple	11546 MW
Hidroeléctrica	14597 MW
Turbinas Ciclo a Vapor	4866 MW
Ciclos Combinados	1664 MW
Generación Eólica	94 MW
Generación Distribuida	1655 MW
Total	34422 MW

La gráfica 3 revela con colores las porciones que integran la capacidad instalada en el año 2018. Como se puede ver, el 42 % corresponde a la hidroeléctrica, la cual fue concebida para que cubriera el 70 % de la necesidad total, en complemento con la termoeléctrica que fue planificada para velar por el 30 % restante, excepto en ocasiones que los fenómenos naturales lo impidieran.

En este sentido, el diagnóstico de la situación venezolana referente al colapso eléctrico y la propuesta para una solución es una prioridad. Es más, el Objetivo de Desarrollo Sostenible (ODS) número 7 de la Agenda 2030, cita como la primera estadística deseable, para determinar su cumplimiento, el índice de "población que tiene acceso a la electricidad". Así es como se diseñó un proyecto a 10 años que contempla la inversión necesaria en generación y transmisión eléctrica que permita mejorar el servicio y satisfacer los incrementos futuros.

Con el pensamiento a estas ideas, se efectuó el levantamiento de información del estado de las principales instalaciones eléctricas, y se evaluó su recuperación en un periodo de 20 años.

GRÁFICA 4
CAPACIDAD INSTALADA Y DEMANDA MÁXIMA (MW)

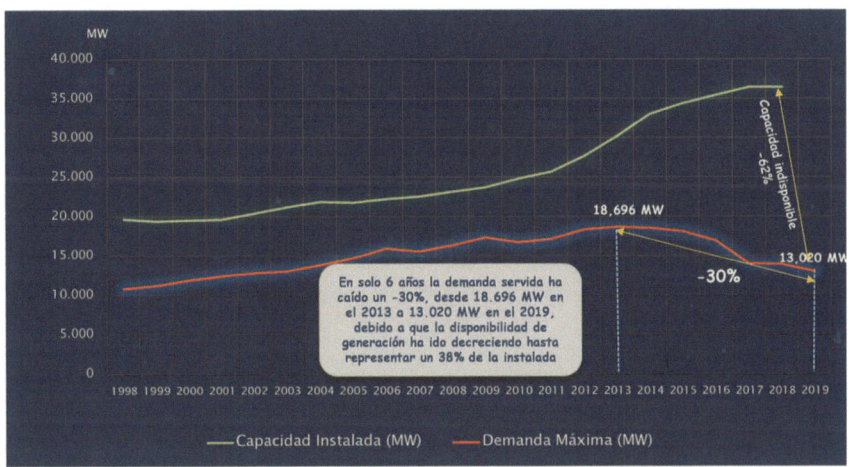

En la gráfica 4 se despliega el recorrido de la demanda servida en el transcurso de 21 años donde se destaca el descenso brusco de un 30 % en el período 2013-2019, pasando de 18.696 MW (2013) a 13.020 MW (2019), debido principalmente al descenso en la disponibilidad de generación eléctrica.

La proyección comparativa de las dos curvas en la gráfica 5 siguiente demuestra la perentoria necesidad de acometer las reparaciones y modificaciones en el sistema de generación eléctrica, teniendo en cuenta que, en el caso de la generación termoeléctrica, las causas principales de indisponibilidad son:

- Obsolescencia de algunas unidades de generación
- Falta de mantenimiento preventivo y correctivo oportuno
- Déficit de los combustibles, gas natural y Diesel.

En el caso de la generación hidroeléctrica las causas principales son:

- Obsolescencia de algunas unidades de generación
- Falta de mantenimiento preventivo y correctivo oportuno
- Deficiencia en la gerencia para el manejo de los embalses en los periodos estacionales de lluvias y de sequía, así como ante

la aparición del evento climatológico de sequía extrema denominado "El Niño".

- Deficiencia en la coordinación para el despacho de la generación termoeléctrica disponible y observancia de las condiciones restrictivas del sistema de transmisión. (2)

GRÁFICA 5
PROYECCIÓN DE LA CAPACIDAD DE GENERACIÓN REQUERIDA Y DEMANDA MÁXIMA (MW)

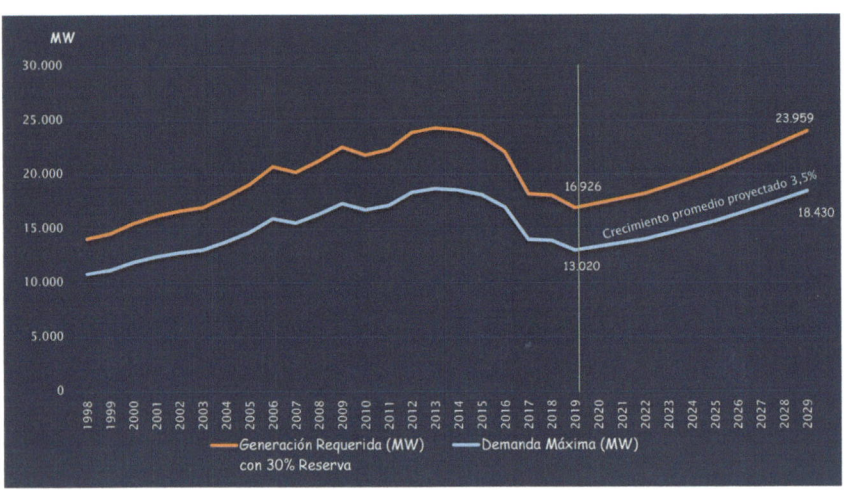

GRÁFICA 6
COMPORTAMIENTO ANUAL DEL NIVEL
DEL EMBALSE GURI (1995-2016)

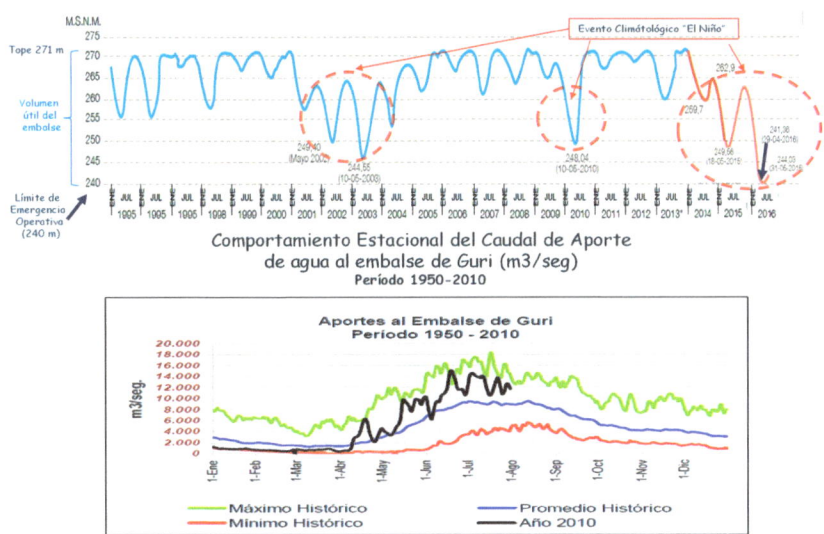

La imagen anterior de la gráfica 6 muestra los efectos de las lluvias en el embalse de Guri, que es el responsable en gran medida de la generación de energía a nivel nacional (76 %). De tal modo que cuando hay fuerte sequía, producto del fenómeno "El Niño", el nivel puede llegar a "Límites de emergencia operativa" y comprometer el suministro eléctrico.

"El Niño" u "Oscilación del Sur" (ENOS) es un fenómeno natural caracterizado por la fluctuación de las temperaturas del océano en la parte central y oriental del Pacífico ecuatorial, asociada a cambios atmosféricos. Este fenómeno tiene una gran influencia en las condiciones climáticas de diversas partes del mundo. Sus manifestaciones más intensas provocan estragos en la zona intertropical y ecuatorial debido a las intensas lluvias, afectando principalmente a la región costera del Pacífico de América del Sur.

La parte inferior de la gráfica 6 representa el comportamiento histórico y estacional de la represa El Guri. Es un recuento del caudal de agua (m³/seg) que ha recibido este embalse para la generación hidroeléctrica.

GRÁFICA 7
PROYECCIÓN REQUERIMIENTOS DE ENERGÍA (GWh)

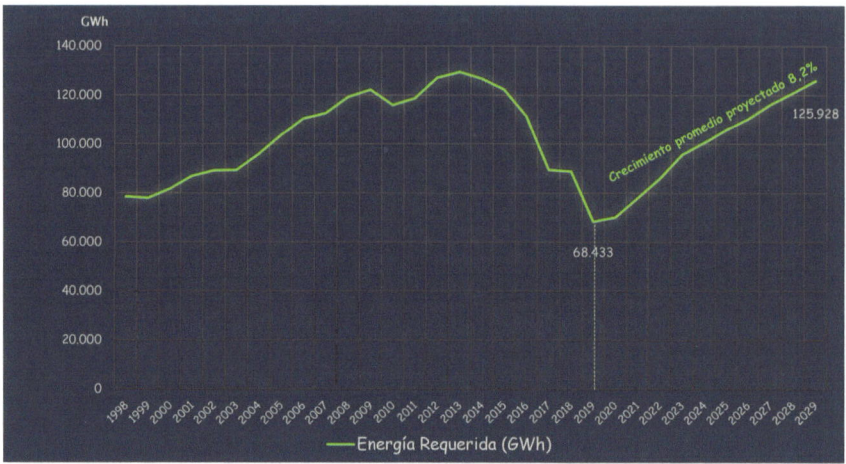

En función de ser eficientes, se determinó en la gráfica 7 el crecimiento promedio de energía requerida para cada año, hasta el 2029. Es oportuno aclarar que para esta proyección se consideró la recuperación paulatina del factor de carga nacional, el cual ha sido afectado por el decrecimiento en la cantidad de industrias/comercios y su nivel de consumo, así como por los racionamientos de electricidad aplicados en los años más recientes.

GRÁFICA 8
DISTRIBUCIÓN DE LA ENERGÍA GENERADA (GWh)

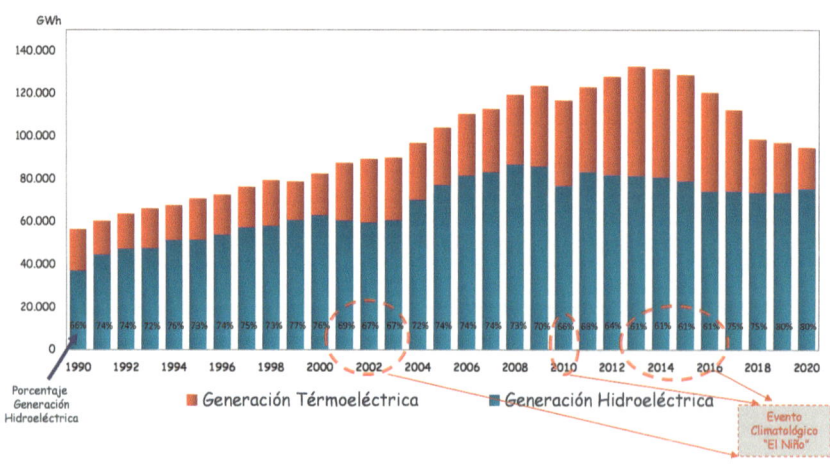

En la gráfica 8, referente a la Distribución de la Energía Generada (GWh), se puede observar que en el periodo comprendido entre los años 1990-2020 la generación de energía hidroeléctrica fue siempre superior al 70 %, salvo para los años 2001-2003, 2010 y 2013-2016, como consecuencia del evento climatológico "El Niño". En el periodo 2013-2016 la generación de energía hidroeléctrica alcanzó un máximo de 61 %.

Reitero que nuestro Sistema Eléctrico Nacional (SEN) se encuentra diseñado de manera amigable con el ambiente, siempre y cuando se respete rigurosamente el mantenimiento preventivo de nuestras unidades de generación hidroeléctrica, de conformidad con el protocolo establecido. De esta forma utilizaremos al mínimo el mantenimiento correctivo. Apegados a esta norma nuestra generación termoeléctrica será siempre menor al 30 %.

Se impone recordar que unidades de generación termoeléctrica duales, *General Electric*, del mercado primario, como las que instalamos en Bajo Grande (2 LM 50MW) y Morichal (1 LMS 100MW)), prácticamente no producen emisiones de gas al ambiente en virtud de que se reutiliza el gas que se genera durante su operación.

Y no olvidemos que en un país tropical siempre podremos incrementar nuestra generación de electricidad amigable con energía eólica y solar entre otras.

Como resultado del levantamiento de información y análisis de éste se generaron dos proyectos: 90D-90S (plan de emergencia) y Plan 10 A, que abarca el desarrollo futuro. Previa ejecución del periodo de emergencia, el primero contempla la inversión necesaria en nueva generación eléctrica de tal forma que permita satisfacer los incrementos del momento. El segundo está cimentado sobre la información del estado actual de las instalaciones eléctricas y su posibilidad de recuperación a largo alcance.

Me permito recordar que nuestra Industria Petrolera (PDVSA) disputó en sus buenos tiempos el liderazgo de las más prestigiosas empresas petroleras del mundo, somos la semilla de la OPEP liderada por

Juan Pablo Pérez Alfonso, y estoy seguro que nos convertiremos en la frondosa planta que esa semilla engendró. Me siento muy orgulloso de ser venezolano.

Citas (1) y (2) extraídas de https://isbi.eu/2020/03/ que-son-las-infraestructuras-criticas/)

Citas (3) y (5) extraídas de Agenda 2030 de la Comisión Económica Para América Latina.

Cita (4) en https://www.acciona.com/es/ energiasrenovables/?_adin=02021864894

Cita (5) https:/www.cepal.org/sites/default/files/events/files/Christopher_ dekki_ desa.pdf)

Cita (6) Poeta bengalí (Rabindranath Tagore (1861 -1941)

CAPÍTULO 2
EL PLAN DE INVERSIÓN

*"Nuestra mayor debilidad radica en renunciar. La forma más
segura de tener éxito es siempre intentarlo una vez más"*
Tomas Alva Edison

Una de las banderas en la rebelión en contra de la desigualdad que ondean los excluidos, social y económicamente, es la ausencia de corriente eléctrica, que se expresa en carencia de iluminación, alimentación insuficiente, salud escasa, educación menguada, transporte deficiente y un sin número de problemas. Su existencia o inexistencia tiene el poder de cambiar grupos políticos, generar protestas, condenar a la marginación cultural, atentar contra la salud y más.

Por otra parte, la CEPAL considera como servicios públicos "el transporte, las comunicaciones, la electricidad y el suministro de agua" (1). Si yo hubiese elaborado ese listado estaría encabezado por la electricidad, ya que los otros tres dependen parcial o totalmente de ella. Este servicio pesa lo suficiente para inclinar la balanza de la ambicionada *igualdad social y erradicación de la pobreza* decretada por la *Agenda 2030*, hasta la desigualdad evidente y la privación de acceso a los derechos fundamentales del hombre.

Obviamente no podemos permitirnos otorgar a la electricidad el rol principal de los servicios sin perder la posición sistémica y multidisciplinaria que se necesita para enfrentar un problema de semejante complejidad; pero sí podemos aceptar el privilegio que es la base o asentamiento de otros servicios fundamentales en nuestras vidas. Pecaríamos al trabajar con una visión entubada al área técnica porque no hay manera de separar el sistema político, del económico o a estos dos del social. J. Marta Sosa refuerza estas ideas cuando acusa a la desigualdad de "morder las condiciones culturales de la humanidad y afectar las relaciones políticas e institucionales de cada día" (2).

De modo que trabajaremos ponderando la incidencia de cada uno de los componentes en el proyecto y tendremos que aprender nuevos lenguajes de análisis, incorporar herramientas de investigación, explorar las ambiciones de grupos afines y mantener apertura mental para sopesar hallazgos de disciplinas recientes.

Sin meterme en profundidades filosóficas que no domino, conceptualizo la igualdad como un derecho a disponer de ciertas estructuras sociales que le den a cada individuo una plataforma de arranque para desarrollar sus capacidades naturales; y nunca como la comparación de características físicas o intelectuales entre seres humanos.

David Eaton nos propone "interpretar la vida política...", a la cual estamos irremediablemente vinculados, "... como un sistema de conductas" (3). Esta cita la hago porque estamos claros en que, al iniciar el proyecto, la misma se traducirá en enfrentar múltiples componentes con criterios disímiles, borrosos o con límites discutibles. Es decir, aumentará la complejidad que ya se vive.

El objetivo general de este plan es reconstruir el Sistema Eléctrico Nacional (SEN), con cuatro objetivos subordinados:

- Proteger las instalaciones existentes

- Disminuir el déficit de generación eléctrica atendiendo el incremento en la demanda.

- Tomar el control operativo, técnico y financiero del Sistema de Transmisión Eléctrico Nacional con la participación del Estado Venezolano accionario de conformidad con el valor actual y acordado entre las partes participantes en la financiación de la recuperación del Sistema Eléctrico Nacional (SEN).

- Garantizar la futura producción petrolera.

(1) Cita extraída de la Agenda 2030 de la Comisión Económica para América Latina.

(2) Cita de Joaquín Marta Sosa.

(3) Cita extraída de Esquema para el análisis político de David Eaton.

CAPÍTULO 3
CÓMO LO FINANCIAREMOS

Hoy en día los gerentes debemos solventar problemas y situaciones verdaderamente complicadas porque ellas están integradas por múltiples factores y relaciones sistémicas que dificultan avanzar con acciones certeras. En este sentido, se impone ver el futuro con energía y fuerza positiva sustentada en nuestros conocimientos, de modo tal, que generemos un ambiente de optimismo que nos conduzca a obtener el país desarrollado que todos los venezolanos queremos.

El escenario que enfrentaremos al iniciar la reconstrucción del Sistema Eléctrico Nacional (SEN) tiene dos calificativos que destacan: complejo e incierto; pero así se nos impone trabajar. Desafiaremos contextos dinámicos y volátiles, moviéndonos de un estado presente a otro deseado. Para ello requeriremos de una gran capacidad de análisis, recursos, buena voluntad y amor a la patria. Para esta situación nos encontramos preparados.

Es obvio que nos hemos apoyado en modelos estructurales de análisis de problemas, los cuales aseguran que "el pensamiento sistémico duro supone partir de un objetivo cuidadosamente definido" (1) y es evidente que no disponemos de información reciente. La consecuencia de utilizar una base desactualizada es evidente: habrá un **aprendizaje y hallazgos, soportados por conocimiento y experiencia,** sin embargo, articular el proceso le dará cabida a la reorganización y a la creatividad.

La reflexión precedente viene al caso cuando pensamos cómo financiaremos tan enorme proyecto, porque estamos hablando de miles de millones de dólares. La palabra "negociación" se traduce en la necesidad de sentarse en la mesa, de confrontar las diferentes posiciones de los integrantes, de replantearse los hechos, de evaluar los resultados y de

hacer concesiones. Producto de estas reflexiones acude a mi mente las sabias palabras de Neufville y Keeney (1972): "Las grandes decisiones no son tomadas por un solo grupo de personas expertas… ellas son, más bien, el resultado de negociaciones, explícitas o implícitas, entre representantes de diferentes puntos de vista". (2)

Los sociólogos afirman que la vida en sociedad no sería posible si las percepciones y evaluaciones no se superpusiesen en cierta medida. Aprovechemos esa ventaja para conformar una organización con un propósito único: reconstruir el SEN. Entendemos que la coincidencia no será total, pero pretendemos someter los desacuerdos a ajustes dentro del área que se requiera.

Hablemos ahora de ¿cuáles organismos pueden prestarnos ayuda para reconstruir el SEN?

Uno de ellos es el *Grupo Banco Mundial,* constituido por el *Banco Internacional de Reconstrucción y Fomento (BIRF) y la Asociación Internacional de Fomento (AIF), la Corporación Financiera Internacional (IFC), el Organismo Multilateral de Garantía de Inversiones (MIGA) y el Centro Internacional de Arreglo de Diferencias Relativas e Inversiones (CIADI).* Esta sociedad es una de las principales fuentes internacionales de financiamiento y conocimientos para los países en desarrollo. Las cinco instituciones que lo integran tienen el compromiso común de reducir la pobreza, aumentar la prosperidad y promover el desarrollo sostenible.

A través de estas fundaciones, el *Grupo Banco Mundial* proporciona financiamiento, asistencia técnica, seguro contra riesgos políticos, y solución para las empresas privadas, incluidas las instituciones financieras. (3)

Otra alternativa es el *Fondo Monetario Internacional (FMI).* "El FMI es una organización formada por 184 países. Tiene su sede en Washington, DC, Estados Unidos. Su objetivo principal es otorgar créditos a los países miembros que experimentan dificultades en la balanza de pagos, para que estos realicen reformas y ajustes que tengan como objetivo solucionar los problemas que haya provocado una crisis". (4)

Menciono a continuación algunos de los países a los cuales el FMI les ha otorgado préstamos: Alemania, Australia, Bélgica, Finlandia, Brasil, Portugal, Marruecos, Canadá, China, Islandia, Irlanda, Corea del Sur, España, Francia, Italia, Tailandia, Perú, Paraguay, Argentina, Guatemala, México, Venezuela y 164 más que menciona el registro. Lo que quiero dejar claro es que no seremos los primeros ni los últimos en solicitar ayuda de tal naturaleza.

Muchos de estos procesos han sido reales y exitosos que han logrado salir de una crisis económica aguda y de la situación actual que disfrutan. Uno de ellos es el de **Islandia**, que actualmente vive una época dorada; pero que en 2008 sufrió un colapso total, debido en parte a la burbuja inmobiliaria en los Estados Unidos. Como consecuencia de la situación financiera quebró Lehman Brothers Bank y ese hecho disparó el pánico de la población. Los bancos islandeses se arruinaron, porque tuvieron que devolver el dinero prestado, así que liquidaron sus activos en coronas para pagar en dólares o euros. La moneda islandesa perdió el 85 % de su valor y la deuda externa, para entonces, era 32 veces mayor que las reservas de divisas en el Banco Central Islandés. Por su parte, y apoyados en la Ley de emergencia N°15/2008, el gobierno nacionalizó el sistema bancario y recortó el gasto público no financiero en 12,7 %. El Reino Unido hizo otro tanto cuando congeló los activos restantes para respaldar el pago de la deuda. El panorama no podía ser peor. En ese momento el gobierno de Islandia pidió auxilio al FMI y a otros países para afrontar la crisis. Hoy en día gozan de una gran prosperidad. (5)

Otro notable caso fue la **crisis irlandesa** (2008–2013), un importante trance político y financiero, considerado por los expertos como parcialmente responsable de la caída del país en recesión por primera vez desde la década de los 80. En septiembre de 2008, el gobierno irlandés reconoció oficialmente que el país había entrado en recesión, con un severo aumento en el desempleo que se produjo en los siguientes meses. De hecho, fue el primer Estado en la eurozona en sufrir de ella, según lo declarado por la Oficina Central de Estadísticas. El 21 de noviembre de 2010, el Estado confirmó que Irlanda había solicitado formalmente ayuda financiera del Fondo Europeo de Estabilidad Financiera (FEEF) de la Unión Europea y del Fondo Monetario Internacional (FMI) y que habían llegado a un acuerdo por un monto de 85.000 millones de euros. Las elecciones generales de 2011 reemplazaron a una tendencia política por otra, no obstante, el equipo recién llegado continuó con las mismas medidas de austeridad del gobierno anterior, unido a los más grandes partidos del país, en respaldo a una agenda única. En 2013 Irlanda salió oficialmente del rescate, según el discurso de un representante del gobierno, que afirmó que el país estaba moviéndose en la dirección correcta y que la economía estaba empezando a recuperarse. (6)

Reflexionemos un poco acerca de ¿por qué se producen las crisis?

Las causas de las crisis son variadas y complejas. Pueden obedecer a **factores internos o externos.** Entre los **factores internos** podrían considerarse la aplicación de políticas fiscales y monetarias inadecuadas, que conducen a grandes déficits fiscales, los grandes montos de deuda pública, los tipos de cambio fijos a niveles inadecuados que pueden erosionar la competitividad y dar lugar a la pérdida de reservas oficiales, o un sistema financiero débil que genere ciclos de auge y caída de la economía. La inestabilidad política y la debilidad de las instituciones también pueden producir una crisis.

Entre los **factores externos** podemos mencionar los eventos inesperados (la pandemia de la COVID-19), desastres naturales (inundaciones, sequías prolongadas o terremotos) o fuertes vaivenes de los precios de las materias primas. Todos estos factores constituyen una amenaza, especialmente en los países de ingresos bajos. En igual medida, la globalización, con sus cambios bruscos, erosiona la confianza de los mercados originando volatilidad en los flujos de capital.

Ahora bien, ¿qué tipo de ayuda presta el FMI a un país en crisis?

El FMI abre un gap con préstamos y asesoría técnica, a los países que experimentan dificultades, para que puedan ajustar sus políticas de manera ordenada, lo que sentará las bases de una economía estable y un crecimiento sostenible. Los ajustes de las políticas variarán según las circunstancias. Por ejemplo, un país que enfrenta una caída súbita del precio de productos clave de exportación, quizás necesite asistencia financiera mientras adopta medidas para fortalecer su economía y diversificar sus exportaciones. Otro tema podría ser una grave fuga de capitales, originado por tasas de interés demasiado bajas, privatización de entidades privadas, políticas de auxilio socioeconómico desmedidas, déficit presupuestario, un sistema bancario ineficiente o que no esté suficientemente regulado. Para afrontar estas dificultades, el FMI facilita financiamiento mediante un ajuste gradual, habitualmente acompañado de una serie de medidas correctivas, que incentiven el regreso de los inversionistas privados. Los préstamos del FMI también tienen como objetivo proteger a la población más vulnerable insertando condiciones en la política económica. En países de ingreso bajo, los préstamos también suelen canalizar el respaldo financiero de otros donantes y socios en el desarrollo.

El proceso de concesión de préstamos del FMI es flexible. Los países que mantienen un compromiso con la implementación de políticas sólidas pueden acceder a los recursos sin condicionalidad o con condicionalidad limitada. Lo mismo sucede en el caso de ciertas necesidades urgentes e inmediatas que abarcan los instrumentos de financiamiento de emergencia.

Sin embargo, no debemos perder de vista que no somos objeto de la caridad de alguien, nos estamos involucrando en un negocio. Entonces lo correcto es preguntarnos:

¿Qué tipo de garantías requiere el prestamista?

El FMI cuenta con varios instrumentos de préstamo que satisfacen las distintas necesidades y circunstancias específicas de sus países miembros los cuales tienen acceso a la Cuenta de Recursos Generales (CRG), actualmente a tasas de interés cero, o a través del Fondo Fiduciario para el Crecimiento y la Lucha contra la Pobreza (FFCLP), que se adapta mejor a la diversidad y a las necesidades de los países de bajo ingreso. Pero los países deben, como en toda negociación, **garantizar la devolución del préstamo y devolver el capital prestado** y para ello se valen de los recursos monetarios, físicos o naturales de los cuales disponen.

La pregunta que surge de inmediato es: ¿Qué bienes posee Venezuela para garantizar la devolución del dinero? Sin pensarlo mucho yo afirmo que: el crudo que reposa en el subsuelo y nuestro Sistema Eléctrico Nacional totalmente recuperado y repotenciado.

Quiero contarles algunos casos que recuerdo de países que en plena crisis han tenido que buscar soporte monetario internacional. Honduras en 2010 solicitó un préstamo de 200 millones de dólares al Banco Interamericano de desarrollo (BID) y puso como garantía su sistema eléctrico. Otro ejemplo fue Nicaragua, en el 2014, que obtuvo 60 millones de dólares provenientes del Banco Europeo de Inversiones (BEI). En el año 2018, tanto El Salvador como Jamaica usaron la misma estrategia para disfrutar de un préstamo de 170 millones de dólares del Banco Centroamericano de Integración Económica (BCIE) y 40 millones de dólares del Banco Mundial (BM), respectivamente. (7)

Obviamente, el uso del sistema eléctrico como garantía para obtener financiamiento puede tener implicaciones significativas para la economía y para la población, por eso evaluaremos la medida, detenidamente y con las autoridades correspondientes. En mi opinión, utilizar el sistema eléctrico como garantía para obtener financiamiento potenciaría el desarrollo del Plan de Acción, con una inmediata incidencia sobre nuestra economía, la cual está caracterizada por abundantes recursos naturales, liderados por nuestras reservas petroleras. De esta forma entraríamos en sintonía con los mercados financieros internacionales y al mismo tiempo tendríamos participación económica en la empresa que sería creada para tales efectos.

Chile, por ejemplo, que es deudor del FMI, usa una estrategia diferente. Se concentra en la producción de hidrógeno verde, uno de los tantos que existen, pero se asocia al color porque se genera a partir de fuentes renovables. Para obtenerlo se apoyan en sus tres grandes patrimonios: la radiación solar localizada primordialmente en el desierto de Atacama, los fuertes vientos que soplan en el extremo sur del país convertibles en energía eólica y la enorme posesión costera que le da la oportunidad de producir energía mareomotriz e hidroeléctrica. Según estimaciones del gobierno chileno de 2021, el 13 % del hidrógeno verde del mundo podría potencialmente producirse usando energía eólica de Magallanes y la porción chilena de la Antártida, lo que suma 126 gigavatios.

En resumen, Chile tiene el potencial de ser uno de los productores más eficientes y competitivos de hidrógeno verde en el mundo. (8)

Hablemos ahora específicamente de las reservas de crudos de Venezuela, a través de las cifras que muestran dos informes importantes:

El primero procede de British Petroleum, una de las compañías más grandes del mundo dedicada al petróleo y al gas natural, con sede en el Reino Unido (Londres). En la gráfica 9 puede verse que nuestro país ocupa el primer lugar (2020) de las reservas de crudo, expresado en miles de millones de barriles. (9)

GRÁFICA 9
TOTAL DE RESERVAS PROBADAS

[Tabla: Total proved reserves – Oil, con datos por país a fin de 2000, 2010, 2019 y 2020 (miles de millones de barriles, miles de millones de toneladas, participación porcentual y R/P ratio). Fuente: combinación de datos oficiales, terceros, Secretariado OPEP, World Oil, Oil & Gas Journal.]

Adicionalmente, la gráfica 10 emanada de la Organización de Países Exportadores de Petróleo (OPEP), ratifica también esta información para el año 2021.

GRÁFICA 10
RESERVAS DE CRUDO PROBADAS POR PAÍS
(Boletín Estadístico Anual)

Oil data: upstream

Table 3.1
World proven crude oil reserves by country (mb)

	2017	2018	2019	2020	2021	% change 21/20
OECD Americas	51,270	54,973	54,580	46,488	49,605	6.7
Canada¹	5,423	5,192	4,906	5,005	5,005	0.0
Chile	150	150	150	150	150	0.0
Mexico	6,537	5,807	5,333	5,498	5,618	2.2
United States	39,160	43,824	44,191	35,835	38,832	8.4
OECD Europe	12,454	13,098	13,224	12,412	11,552	-6.9
Denmark	439	428	441	441	428	-2.9
Norway	7,918	8,645	8,523	7,902	7,525	-4.8
United Kingdom	2,500	2,500	2,700	2,500	2,000	-20.0
Others	1,597	1,525	1,560	1,569	1,599	1.9
OECD Asia and Pacific	2,493	2,483	2,477	2,475	1,833	-25.9
Australia	2,390	2,390	2,390	2,390	1,747	-26.9
Others	103	93	87	85	86	1.2
China	25,627	25,927	26,154	26,023	26,491	1.8
India	4,495	4,423	4,423	4,605	3,670	-20.3
Other Asia	13,583	13,415	13,577	12,841	12,829	-0.1
Brunei	1,100	1,100	1,100	1,100	1,100	0.0
Indonesia	3,310	3,170	3,150	2,480	2,440	-1.6
Malaysia	3,600	3,600	3,600	3,600	3,600	0.0
Vietnam	4,400	4,400	4,400	4,400	4,400	0.0
Others	1,173	1,145	1,327	1,261	1,289	2.2
Latin America	329,283	330,461	331,628	330,719	329,481	-0.4
Argentina	2,162	2,017	2,389	2,483	2,411	-2.9
Brazil	12,634	12,835	13,435	12,715	11,890	-6.5
Colombia	1,665	1,782	1,960	2,036	1,820	-10.6
Ecuador	8,273	8,273	8,273	8,273	8,273	0.0
Venezuela	302,809	303,806	303,806	303,806	303,468	0.0
Others	1,740	1,748	1,765	1,651	1,619	-1.9
Middle East	804,639	803,184	863,418	865,519	869,612	0.5
IR Iran	155,600	155,600	208,600	208,600	208,600	0.0
Iraq	147,223	145,019	145,019	145,019	145,019	0.0
Kuwait	101,500	101,500	101,500	101,500	101,500	0.0
Oman	5,373	5,373	5,373	5,373	5,373	0.0
Qatar	25,244	25,244	25,244	25,244	25,244	0.0
Saudi Arabia	266,260	267,026	267,073	267,082	267,192	0.0
Syrian Arab Republic	2,500	2,500	2,500	2,500	2,500	0.0
United Arab Emirates	97,800	97,800	105,000	107,000	111,000	3.7
Others	3,139	3,122	3,109	3,201	3,184	-0.5
Africa	127,677	126,972	125,228	124,560	120,210	-3.5
Algeria	12,200	12,200	12,200	12,200	12,200	0.0
Angola	8,384	8,160	7,783	7,231	2,516	-65.2
Congo	2,982	2,982	1,947	1,811	1,811	0.0
Egypt	3,325	3,325	3,075	3,075	3,300	7.3
Equatorial Guinea	1,100	1,100	1,100	1,100	1,100	0.0
Gabon	2,000	2,000	2,000	2,000	2,000	0.0
Libya	48,363	48,363	48,363	48,363	48,363	0.0
Nigeria	37,453	36,972	36,890	36,910	37,050	0.4
Sudans	5,000	5,000	5,000	5,000	5,000	0.0
Others	6,870	6,870	6,870	6,870	6,870	0.0
Russia	80,000	80,000	80,000	80,000	80,000	0.0
Other Eurasia	38,874	38,874	38,874	38,874	38,874	0.0
Azerbaijan	7,000	7,000	7,000	7,000	7,000	0.0
Belarus	198	198	198	198	198	0.0
Kazakhstan	30,000	30,000	30,000	30,000	30,000	0.0
Turkmenistan	600	600	600	600	600	0.0
Ukraine	395	395	395	395	395	0.0
Uzbekistan	594	594	594	594	594	0.0
Others	87	87	87	87	87	0.0
Other Europe	932	932	914	914	914	0.0
Total world	1,491,327	1,494,742	1,554,497	1,545,430	1,545,071	0.0
of which						
OPEC	1,183,674	1,182,528	1,241,281	1,242,377	1,241,819	0.0
OPEC percentage	79.4	79.1	79.9	80.4	80.4	
OECD	66,217	70,554	70,281	61,375	62,990	2.6

Notes: Figures as at year-end
1. Data excludes oil sands

También es importante tener en cuenta la potencialidad de Venezuela en cuanto a su producción petrolera durante más de sesenta años, como se puede observar en la gráfica 11.

GRÁFICA 11

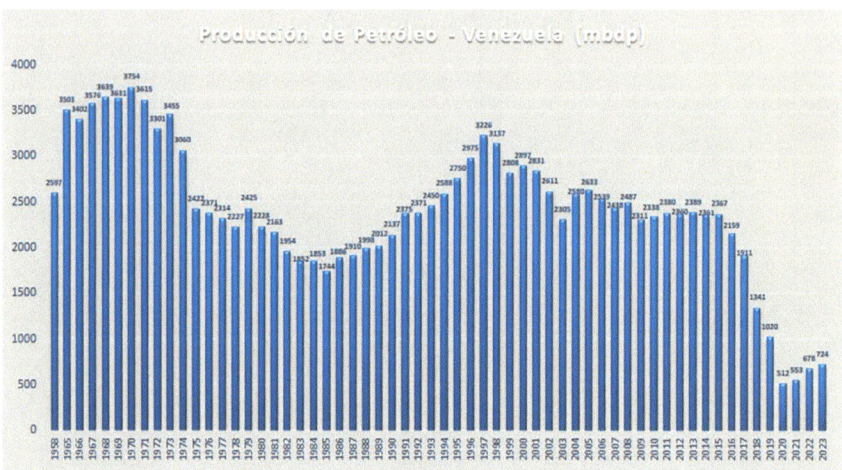

Aunado a la producción se registraron unos ingresos por exportaciones de petróleo, como se observa en la gráfica 12, los cuales están determinados también por las variaciones de los precios del petróleo que se muestran en la gráfica 13.

GRÁFICA 12

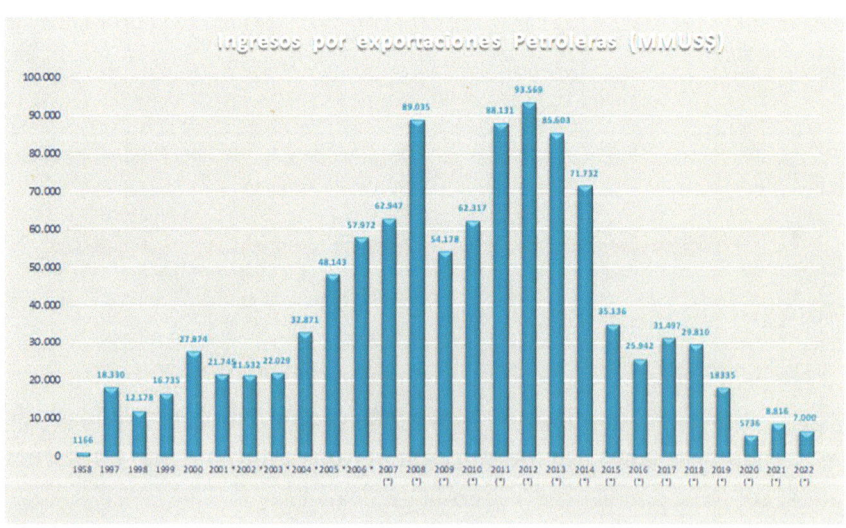

GRÁFICA 13
¿Por qué iniciar la recuperación de Venezuela dándole prioridad al sistema eléctrico nacional?

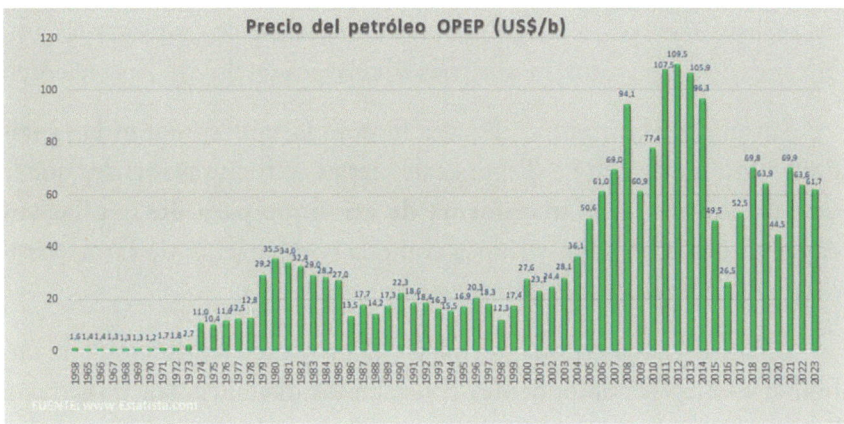

La CEPAL considera como servicios públicos "el transporte, las comunicaciones, la electricidad y el suministro de agua". Si yo hubiese elaborado ese listado estaría encabezado por la electricidad ya que el resto de los servicios dependen parcial o totalmente de ella. La subestructura que priorizamos pesa lo suficiente para inclinar la balanza de la ambicionada igualdad social y erradicación de la pobreza (Año 2030) a la desigualdad evidente, ante la privación de acceso a los derechos fundamentales del hombre.

Obviamente no podemos otorgar a la electricidad el rol principal de los servicios sin perder la posición sistémica y multidisciplinaria que se necesita para enfrentar un problema de semejante complejidad; pero sí podemos asegurar que es la base o fundación de los servicios más fundamentales.

Una de las banderas en la rebelión en contra de la desigualdad que ondean los excluidos, social y económicamente, es la carencia de corriente eléctrica, que deriva en privación de iluminación, alimentación, salud, educación, transporte y otros. Su existencia o inexistencia incide en la vida política, económica y social.

Sin embargo, no podemos trabajar con una visión entubada al área técnica porque no hay manera de separar el sistema político, del económico o estos dos del social. Trabajaremos ponderando la incidencia de cada uno en el proyecto y tendremos que aprender nuevos lenguajes de análisis, incorporar herramientas de investigación, explorar las ambiciones de grupos afines y abrirnos a hallazgos de disciplinas recientes.

Sin meterme en profundidades filosóficas, conceptualizo **la igualdad** como un derecho a disponer de ciertas estructuras sociales que le den al individuo **una plataforma de arranque para desarrollar sus capacidades naturales;** y nunca como la comparación de características físicas o intelectuales entre seres humanos.

Estamos claros en que, al iniciar el proyecto, tendremos que enfrentar múltiples componentes con criterios disímiles, borrosos o con límites discutibles. Es decir, aumentará la complejidad que ya se vive. Ante tal contingencia, se creará una mesa de negociaciones y se explorará las posibilidades para recuperar nuestro patrimonio eléctrico.

En cualquier caso, es hora de buscar soluciones, hacer lo necesario y suficiente para hacerlas realidad. Es hora de poner "manos a la obra" y ejecutar la recuperación del SEN. Respecto a este tema Savater tuvo una expresión que comparto plenamente:

"Para cambiar el mundo se tiene que ser optimista, los pesimistas son los que piensan que no podemos mover ni una piedra o que no nos dejarán moverla". (11)

Yo soy del primer grupo.

EL PLAN DE ACCIÓN

Para el diseño del Plan de Acción, se realizó el levantamiento de la información sobre el estado actual de las instalaciones eléctricas, y su posibilidad de recuperación. Obviamente, conscientes de la ausencia de un "entorno duro" hemos procedido a definir el problema con dos tipos de contenido: las más recientes informaciones recabadas y la proyección de estos datos hacia el futuro, en función de plantear soluciones que proporcionen a corto plazo la operatividad y confiabilidad del servicio eléctrico. Basados en estas ideas obtuvimos un Bosquejo del Plan de Acción.

Antes de presentarles los siguientes gráficos me quiero referir a los datos desactualizados que utilizamos para su elaboración, cuyo procesamiento, a pesar de la carencia, nos ha permitido generar proyecciones y cálculos, derivando de los mismos: actividades, costos y tiempos de ejecución.

El primer pensamiento optimista que mitiga este obstáculo es que dentro de la incertidumbre que aceptamos que existirá, dispondremos de datos complementarios y fidedignos. Me refiero a los que proceden de la maquinaria y las piezas que la integran, las cuales "son consideradas como sistemas con tendencia al equilibrio, que poseen un propósito definido por su diseñador", (12) de modo tal, que generan un tipo de **comportamiento predecible,** porque tienden a ir en una dirección conocida.

El segundo factor que está de nuestro lado se focaliza en el método con que se elaboró el proyecto. Entre un grupo de profesionales calificados hemos construido durante años una visión compartida de las necesidades de nuestro sistema eléctrico venezolano, estamos al corriente de la vida útil de cada pieza, tenemos un nítido conocimiento de cómo opera cada unidad y cuál es su importancia dentro del conjunto, disponemos de personal experto para sustituirla. Además, como tenemos contactos con las empresas que las surten, podemos estimar cuánto tiempo tardarán en llegar a Venezuela, nos hemos informado de su costo actual, hemos estimado una cifra global para ejecutar el proyecto y tenemos una idea clara de cómo lo financiaremos.

Es obvio que nos enfrentamos con factores limitativos, como es la falta de mantenimiento o las variaciones climáticas; pero estos inconvenientes, también son **factores previsibles,** que combatiremos con vigor y asertividad. En resumen, sea cual fuere el momento y lugar en que se realice la obra, la asumiremos confiados, porque disponemos de un plan minucioso, nuestro criterio y experiencia, que nos abre un abanico de probabilidades de suprimir componentes, a los cuales le hayamos asignado mucha importancia, o incluir aquellos que se han revalorizado según las circunstancias y resultan decisivos para la solución del problema.

J. M. García refuerza esta idea comentando muy acertadamente que en la historia reciente aparecen cada vez más limitaciones del método científico cuando se trata de aplicar con un "enfoque reduccionista", dada la complejidad de los problemas actuales y concluye que "no siempre podemos obtener un exhaustivo conocimiento" (13) porque trabajamos en entornos abiertos.

Cierro esta aclaratoria con las reflexiones del filósofo Joan-Carles Mélich: "Atrévete a existir sin verdades firmes y seguras; en la indeterminación, en la incertidumbre, en la ambigüedad del mundo. La fragilidad es la relación que establecemos con el mundo y en cualquier momento se puede romper". (14)

CÁLCULOS PARA EL FINANCIAMIENTO

Luego de haber tomado la decisión de compartir con todos los venezolanos nuestro modelo de financiación, exhibiremos gráficos de la presentación en PowerPoint que realizamos para tal efecto, comenzando por el que proyecta los costos anualizados de los combustibles que serán consumidos en los próximos 20 años. En esa proyección, el consumo de combustibles para el segundo decenio fue considerado con una tasa de crecimiento de conformidad con el crecimiento de la futura demanda eléctrica y al uso de gas natural para la nueva generación de electricidad.

Es oportuno mencionar que la proyección de los costos anuales por consumo de combustibles se encuentra basada en un incremento progresivo de precios hasta alcanzar en el quinto año del modelo de financiación los valores objetivos similares a los precios promedios de USA a julio 2019 (Energy Information Administration - EIA):

Gas natural= 1.38 USD/MMBTU

Diesel = 0.463 USD/lt. = 74.07 USD/b

Fuel Oil= 0.315 USD/lt. = 45.53 USD/b

A partir del sexto año se consideró un incremento de precios del 3 % anual; el resultado se muestra en la gráfica 14.

GRÁFICA 14
PROYECCIÓN DE COSTOS ANUALES DE COMBUSTIBLES

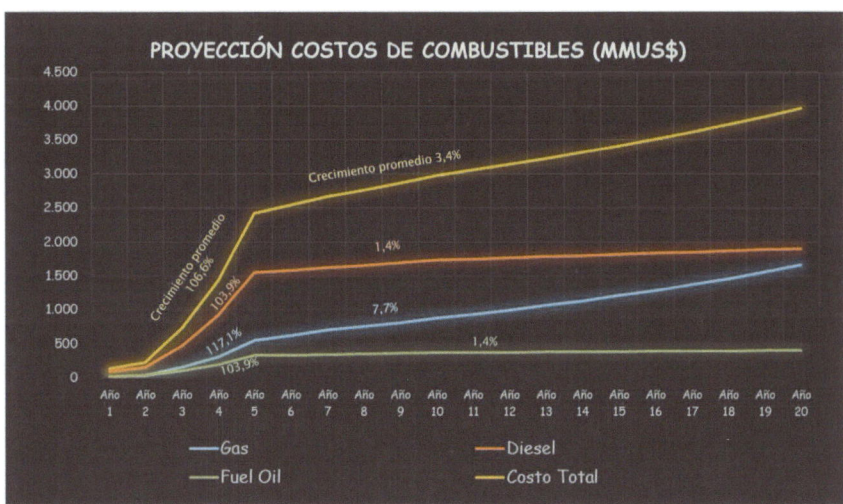

Pretendemos que mediante el ingreso que produzcan los combustibles, revertir rápidamente los índices actuales de indisponibilidad para ofrecer, a mediano plazo, un servicio eléctrico operativo y confiable, en cada una de las áreas: generación, transmisión, distribución y comercialización. La primera fase se realizará en 90 días (urgente) y la segunda en 90 semanas (mediano plazo). A este proyecto lo llamamos PLAN 90D-90S.

La tercera fase, prevista a 10 años, (PLAN-10A) contempla la inversión necesaria para satisfacer los requerimientos futuros de la demanda eléctrica, basados en su comportamiento histórico en los últimos 20 años pasados, cuya tasa de crecimiento promedio fue de 3,5 %.

Como resultado de estas consideraciones concluimos que, para satisfacer la demanda en el año 2029 se requiere de una disponibilidad de generación por el orden de los 24.000 MW, considerando un criterio de reserva de generación del 30 % como prevención por mantenimientos programados y forzados de las unidades de generación. (Ver gráfica 15)

GRÁFICA 15
PROYECCIÓN DE LA DEMANDA Y GENERACIÓN ELÉCTRICA (MW)

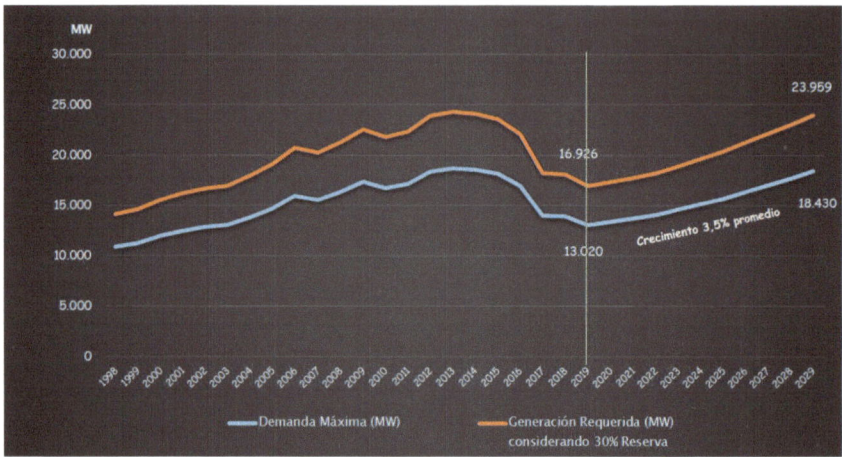

De acuerdo con la generación de energía prevista para cada año, se determinó el consumo de combustibles de las unidades de generación existentes (Gas natural, Diesel, y Fuel Oíl) en relación con sus patrones históricos de gasto, en función de la puesta en servicio de las unidades según la planificación estipulada para el primer decenio. Para la proyección del segundo decenio, se consideró que su tasa de crecimiento estará asociada al crecimiento de la demanda eléctrica y al uso de gas natural para la nueva generación.

Para la determinación de los ingresos por ventas de electricidad se utilizó la estructura de consumo de Venezuela año 2013 y la proyección de la demanda de energía antes mostrada, efectuándose posteriormente un ajuste progresivo de los niveles actuales de tarifas hasta alcanzar valores cercanos a las correspondientes tarifas en América del Sur, según informe CIER 2013, con el objetivo de garantizar que los ingresos por ventas de electricidad hagan al Plan sustentable, tal como se muestra en la gráfica 16.

GRÁFICA 16
PROYECCIÓN DE TARIFAS ELÉCTRICAS (US$/kWh)

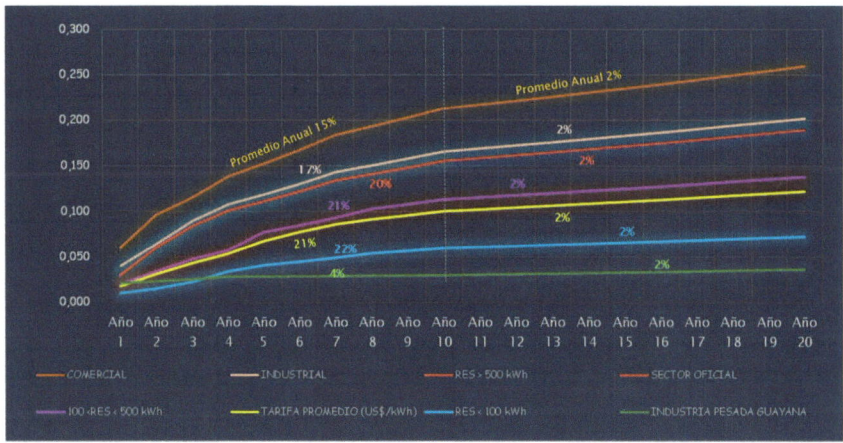

Con la proyección de las tarifas y las ventas de electricidad por sector consumidor, se obtiene así la proyección de los ingresos para el periodo de 20 años.

La gráfica 17 define los tipos de consumidores por sector: Oficial (9 %), Industrial (7 %), Industria pesada (2 %), Comercial (9 %), Pérdidas técnicas (12 %), Pérdidas no técnicas (28 %) y muestra la estructura del consumo de electricidad que hemos previsto en nuestro modelo de financiación, para un periodo de 20 años.

Allí podemos observar que el consumo de energía para el primer año asciende a 57.028 GWH (2018), año en que se generó el modelo. Ese consumo se estimó que subiría hasta 120.977 GWH para el año 10 y 148.465 GWH para el año 20. Es de resaltar que las pérdidas no técnicas de energía que se cuantificaron en 28 % para el primer año, se reducen al 1 %.

En la misma gráfica se muestra la estructura de los ingresos por ventas de electricidad. Para el año 1 se estimó un ingreso de US$998.97 millones, asciende a US$12.113,22 millones para el año 10, hasta un ingreso estimado de US$17.086.90 millones año 20.

Es importante destacar que los clientes residenciales con un consumo menor a 100 kWh, estimado en la estructura en 5 %, dispondrán de un subsidio durante el año 1 el 50 % de esos clientes. Ese porcentaje bajará a 30 % en el año 10 y 0 % en el año 20.

La abreviatura RES, identifica al sector de la población residencial que fue establecido en tres grupos: Los que consumen menos de 100 kWh-mes, los que consumen entre 100 kWh-mes y 500 kWh-mes y los que consumen más de 500 kWh-mes.

GRÁFICA 17
CONSUMO E INGRESOS POR VENTAS DE ELECTRICIDAD POR SECTOR

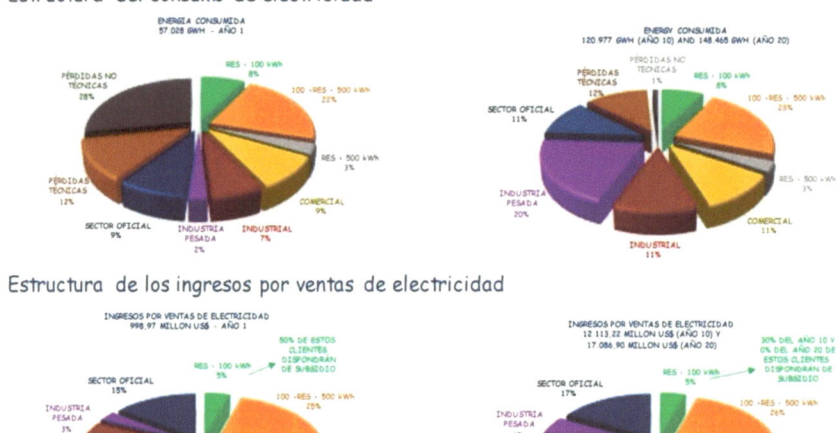

La tasa de crecimiento promedio de los ingresos que se obtuvo para el primer decenio es del 32 %, debido al ajuste inicial que debe realizarse en las tarifas de cada sector de consumo, y luego para el segundo decenio los ingresos mantienen el mismo crecimiento promedio proyectado del consumo de energía que es del 3,5 %, tal como muestra la gráfica 18.

GRÁFICA 18
PROYECCIÓN DE INGRESOS POR
VENTAS DE ELECTRICIDAD (US$)

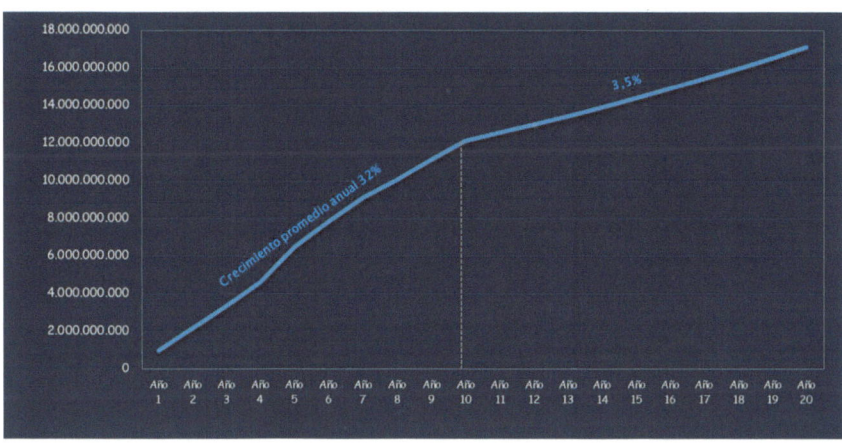

También estimamos los desembolsos de capital a invertir durante los dos primeros años, con el siguiente esquema trimestral:

1T - 15.41 % 2T - 17.33 % 3T - 18.06 % 4T - 15.97 %

5T - 11.11 % 6T - 9.79 % 7T - 7.23 % 8T - 5.10 %

En la gráfica 19, se muestra el Cronograma de Desembolsos de Capital requerido para recuperar el SEN (16.500 MMUS$). Ese desembolso de capital deberá ser durante los primeros dos años. Ello es con base al programa de acción: 90 días, 90 semanas, 10 años y 20 años ampliamente descrito y sustentado con nuestros argumentos ingenieriles y económicos.

GRÁFICA 19
DESEMBOLSOS DE CAPITAL (US$)

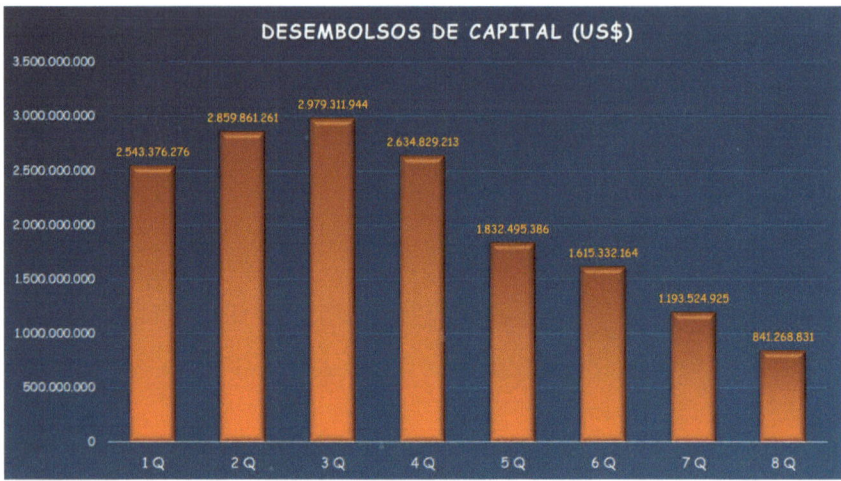

Posteriormente, con la aplicación del conjunto de premisas básicas para el modelo de financiación, se obtiene el resultado que muestra la gráfica 20, donde el pago de intereses de los primeros diez años ascenderá a 20.264,48 MMUS$, y representa el 30,05 % de los ingresos por ventas de electricidad.

En el segundo decenio se pagarán capital e intereses por 30.892,54 MMUS$, lo cual representa el 21,00 % de los ingresos por ventas de electricidad.

GRÁFICA 20
RESULTADOS DEL MODELO DE FINANCIACIÓN
DE 16.500 MMUS$. INGRESOS Y GASTOS

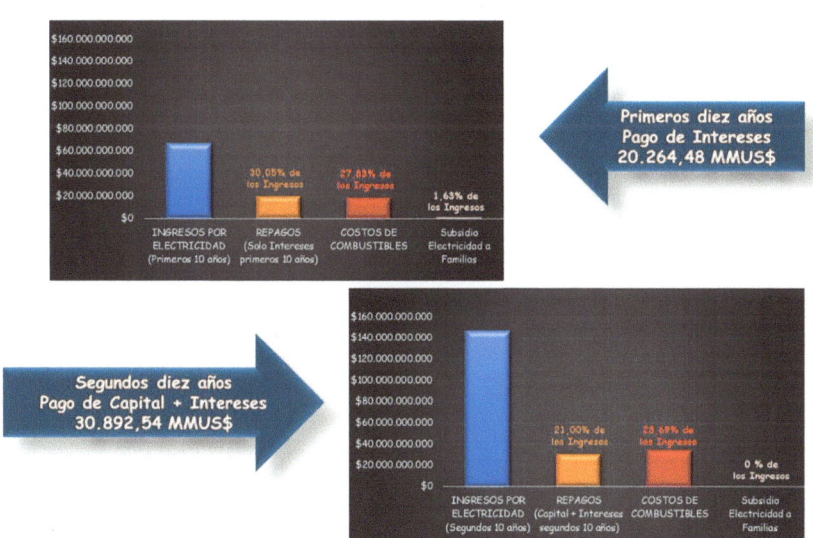

La siguiente gráfica 21 muestra en la imagen superior (mediante un cuadrado azul) el pago de intereses durante los primeros diez años, sobre un monto de 20.264,48 MMUS$, a través de un impuesto de electricidad sobre cada barril de petróleo, compensado por dos ingresos: ventas de electricidad (barra anaranjada) del sector eléctrico y venta de combustibles (barra roja).

La imagen inferior muestra que en los segundos diez años, el pago de intereses y capital suma un monto de 30.892,54 MMUS$, para obtener ingresos superiores a los del primer decenio, arrojando un saldo positivo.

GRÁFICA 21
MODELO DE FINANCIACIÓN UTILIZANDO UN IMPUESTO DE ELECTRICIDAD SOBRE EL BARRIL DE PETRÓLEO PRODUCIDO POR PDVSA

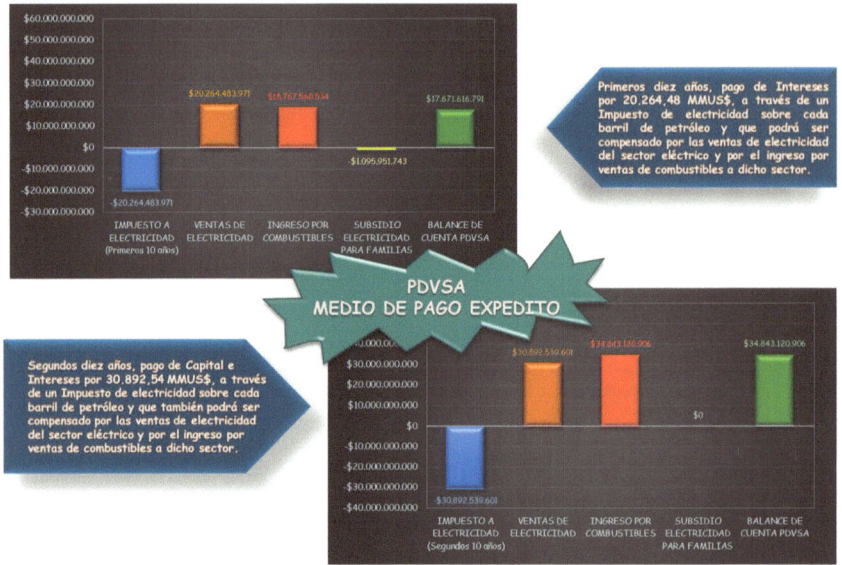

El modelo de financiación mostrado en la gráfica 21 anterior está basado en la premisa de establecer un impuesto para la electricidad por cada barril de petróleo que se produzca y utilizar a PDVSA como medio de pago expedito.

En las gráficas 20 y 21 se muestra detalladamente el pago de los intereses del financiamiento por 20.264,48 MMUSD, por intermedio del citado impuesto sobre cada barril de petróleo producido. Ese impuesto se compensa con el ingreso asociado a las ventas de electricidad y combustible al sector eléctrico, y así, el balance de la cuenta de PDVSA, como medio de pago expedito para los primeros 10 años del financiamiento, alcanza el monto de 17.671.616.791,00 USD.

Durante los segundos 10 años el pago de capital más intereses alcanza la cifra de 30.892.539.601,00 USD que con la compensación asociada a los ingresos por ventas de electricidad y combustible, el balance para PDVSA al final del periodo de financiamiento será de 34.843.120.906,00 USD.

La gráfica 22 muestra en resumen los repagos del préstamo en el lapso de 20 años.

**GRÁFICA 22
REPAGOS (US$)**

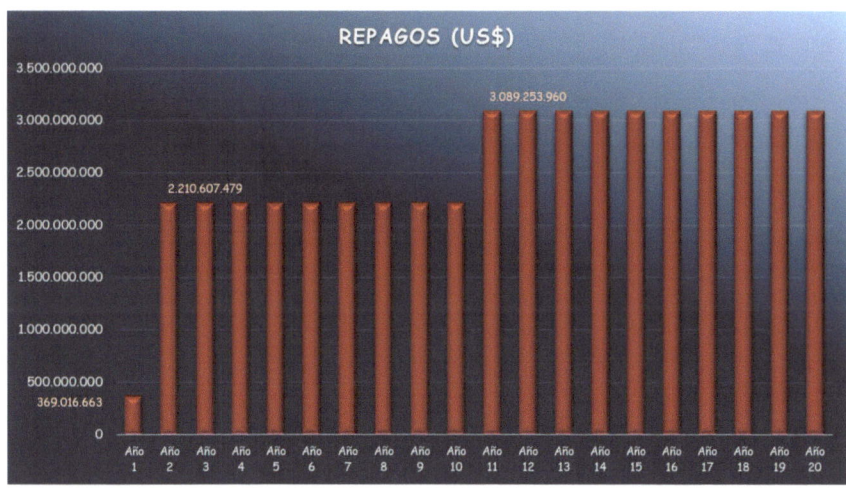

Finalmente, manteniendo el modelo de pensamiento sistémico con el cual hemos abordado el problema que nos ocupa y su respectiva solución, la gráfica 23 muestra la revisión que realizamos para verificar la sustentabilidad del Proyecto. Priorizando cuatro factores, de los cuales, el ECONÓMICO, ya fue comentado. En segundo lugar, la factibilidad TÉCNICA, garantizada por la existencia en Venezuela de maquinarias, personal experimentado y equipos a la disposición. En tercer lugar, analizamos el factor SOCIAL, donde se calibraron los subsidios familiares y los Círculos Restaurativos, unidades que persiguen la comunicación y el entendimiento mutuo de responsabilidades y necesidades de las partes involucradas, con el objetivo de garantizar armonía social y gobernanza. Al respecto les comentamos que fueron incluidos 15 millones de USD para financiar los programas que surjan de dicha alianza.

En cuarto, pero no menos importante lugar se consideró el impacto INSTITUCIONAL, el cual mejora la calidad de vida, fortalece y activa las instituciones públicas y privadas, atrae la inversión extranjera y nacional, amplía la seguridad energética y mejora la imagen del país interna y externamente.

GRÁFICA 23
SUSTENTABILIDAD DEL PLAN

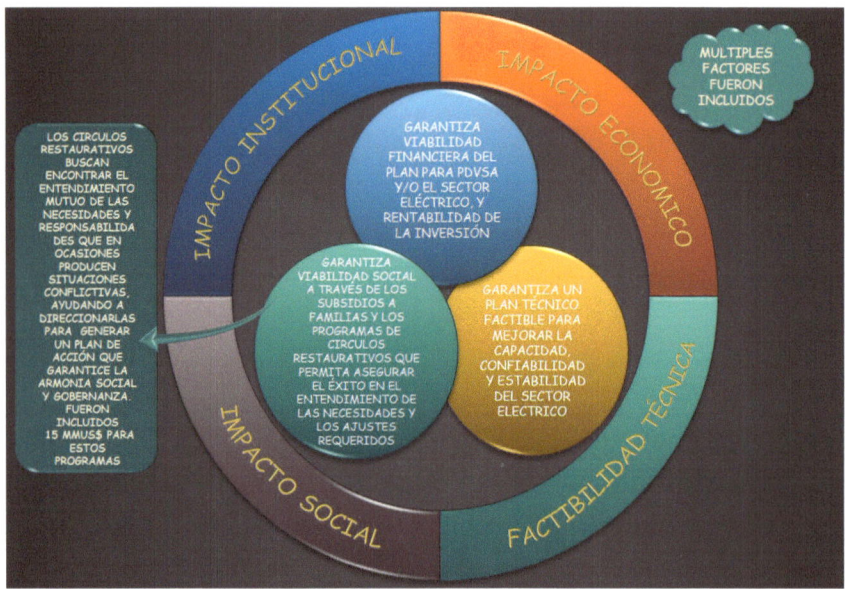

ACLARATORIA

En el modelo de financiación propuesto está considerado el hecho de que los financistas pueden pertenecer al sector internacional privado; y en ese sentido, será creada una empresa de capital abierto, liderada por la institución financiera que aporte los fondos. En la misma figurará el Estado venezolano como propietario del Sistema de Transmisión, el cual tendrá que ceder a la citada empresa por su valor comercial al momento de la transacción. En consecuencia, tendrá una participación minoritaria.

No puedo dejar de consignar la memorable frase que dijera John F. Kennedy en su primer discurso ante el congreso estadounidense en la ocasión de ser nombrado presidente (20/01/61):

"No pienses qué puede hacer tu país por ti. Piensa qué puedes hacer tú por tu país" (14).

Debemos internalizar la idea de poner en marcha nuestros futuros desarrollos financieros **totalmente abiertos a la inversión privada extranjera o nacional, con libre competencia,** tanto en el sector eléctrico como en todas las actividades de la futura reconstrucción de nuestra querida y amada patria VENEZUELA. Ese curso de acción nos otorgará una credibilidad única.

Para despedirme quiero compartir con el lector algunos de mis sentimientos. Es importante que sepan que entiendo la gravedad de la situación que vive nuestro país. No trataré de restarle importancia. Sin embargo, deseo dejar para la reflexión las sabias palabras del poeta Rabindranath Tagore:

"Si lloras porque no puedes ver el sol, las lágrimas no te dejarán ver las estrellas" (15).

…Y yo, junto a ustedes, quiero ver las estrellas.

Amigo
Blas Herrera Pérez

(1)Peter Checkland, en Metodología de Sistemas Blandos (2004).

(2)Neufville y Keeney en https://www.sciencedirect.com/science/article/pii/0041164773900063

(3-7) https: //Bancomundial.org

(4) https://www.imf.org/es/About/Factsheets/IMF-Lending

(5) https://www.france24.com/es/20180909-islandia-10-anos-despues-de-la-crisis

(6) https:// es Wikipedia.org/crisis_ financiera _en _ Irlanda

(7) https://www.bcie.org/paises-socios/fundadores/el-salvador

(8) https://elpais.com/america/termometro-social/2023-07-26/hidrogeno-verde-clave-para-la- transicion-energetica-en-chile.html.

(9) Extraído de "Figuraciones mías", Fernando Savater, 2013.

(10) British Petroleum BP.org

(11-12) Sysware. Sistemas estables. J. M. García, 2004.

(13) (7) https://www.bcie.org/paises-socios/fundadores/el-salvador

(14) Joan Carles Mèlich La fragilidad de mundo: Ensayo sobre un tiempo precario, 2021.

(15) Rabindranath Tagore | Biography, Poems, Short histories.

www.ingramcontent.com/pod-product-compliance
Lightning Source LLC
LaVergne TN
LVHW070259080526
838200LV00065B/405